BEI GRIN MACHT SICH IHR WISSEN BEZAHLT

- Wir veröffentlichen Ihre Hausarbeit,
  Bachelor- und Masterarbeit

- Ihr eigenes eBook und Buch -
  weltweit in allen wichtigen Shops

- Verdienen Sie an jedem Verkauf

Jetzt bei www.GRIN.com hochladen und kostenlos publizieren

Bibliografische Information der Deutschen Nationalbibliothek:

Die Deutsche Bibliothek verzeichnet diese Publikation in der Deutschen National-
bibliografie; detaillierte bibliografische Daten sind im Internet über http://dnb.d-
nb.de/ abrufbar.

Impressum:

Copyright © 2014 GRIN Verlag, Open Publishing GmbH
Druck und Bindung: Books on Demand GmbH, Norderstedt Germany
ISBN: 9783668287143

Dieses Buch bei GRIN:

http://www.grin.com/de/e-book/338904/kundenbindungsmanagement-in-der-ver-
sicherungswirtschaft

Eike Christian Nothof

Kundenbindungsmanagement in der Versicherungswirtschaft

Erläutert am Beispiel eines Versicherungsmaklers

GRIN Verlag

GRIN - Your knowledge has value

Der GRIN Verlag publiziert seit 1998 wissenschaftliche Arbeiten von Studenten, Hochschullehrern und anderen Akademikern als eBook und gedrucktes Buch. Die Verlagswebsite www.grin.com ist die ideale Plattform zur Veröffentlichung von Hausarbeiten, Abschlussarbeiten, wissenschaftlichen Aufsätzen, Dissertationen und Fachbüchern.

Besuchen Sie uns im Internet:

http://www.grin.com/

http://www.facebook.com/grincom

http://www.twitter.com/grin_com

Fachhochschule Kaiserslautern
Standort Zweibrücken
Fachbereich Betriebswirtschaft
Studiengang Finanzdienstleistungen

Seminararbeit

Thema:

Kundenbindungsmanagement in der Versicherungswirtschaft,
erläutert am Beispiel eines Versicherungsmaklers

Abgabedatum:
02.06.2014

I. Inhaltsverzeichnis

II. Abbildungsverzeichnis

III. Tabellenverzeichnis

1. Einleitung und Problemstellung

„Versicherer müssen sich auf einen dauerhaft gesättigten Markt einstellen. Das bisherige Neugeschäftsdenken weicht einem ertragsorientierten Blickwinkel. Das trifft insbesondere den auf Umsatz fixierten Versicherungsvertrieb. Aber intelligente Bestandspflege kann die Neugeschäftsschwäche teilweise ausgleichen, ebenso ein effizienterer Vertrieb die sinkenden Provisionen."[1] Dieser Satz aus dem Jahr 2013 beschreibt das Dilemma in welchem sich neben der Versicherungsbranche der gesamte finanzwirtschaftliche Sektor befindet.[2]

In den vorangegangen Jahren waren Versicherungsunternehmen, beziehungsweise Finanzdienstleistungsunternehmen allgemein, auf eine Gewinnmaximierung durch Neukundengewinnung fixiert. In der Vergangenheit hat diese strategische Ausrichtung den jeweiligen Unternehmen dazu verholfen ständig steigende Gewinne zu erwirtschaften. Allerdings konkurriert eine solche Strategie eines ausgeprägten Vertriebsdenkens in den vergangenen Jahren vielfach mit der Problematik der sogenannten gesättigten Märkte. Durch den großen Wettbewerb in der Finanzdienstleistungsbranche sind einerseits nur noch wenige Kunden zu finden, die noch keines der vertriebenen Produkte besitzen und andererseits kommt es zu einem großen Preiskampf der Unternehmen untereinander, um die Gunst des Kunden zu erhalten. Insofern ist die Neukundengewinnung nur noch mit einem erheblichen Mehraufwand und gestiegenen Kosten möglich.[3]

Aufgrund dieser Problematik hat innerhalb der Finanzdienstleistungsbranche, insbesondere bei den Versicherungsunternehmen, eine Sinneswandel stattgefunden. Die Finanzdienstleister haben erkannt, dass „... die Bestandskunden regelmäßig die wertvollsten Kunden mit den höchsten Deckungsbeiträgen und der höchsten Loyalität sind"[4]. Untersuchungen zeigen, dass ein Unternehmen bis zu sieben Neukunden akquirieren muss um den finanziellen Verlust eines Altkunden zu kompensieren.[5]

---

[1] http://www.versicherungsmagazin.de/Aktuell/Nachrichten/195/20504/Vom-Versicherungsverkaeufer-zum-Kundenberater.html (Stand: 06.04.2014).

[2] Dem Autor ist die Bedeutung der Sprache für die Gleichberechtigung zwischen Frau und Mann bekannt. Zur Gewährleistung guter Lesbarkeit wird in dieser wissenschaftlichen Arbeit dennoch durchgängig auf geschlechtergerechte Formulierung verzichtet.

[3] Vgl. Tüchler, Simone (1999), S. 3.

[4] Christian Glaser (2013), S. 121.

[5] Vgl. Merz, Guido; Hoyer, Ulrich (2006), S. 38-41.

„In der Praxis ist immer wieder festzustellen, dass es einige Vertriebsmitarbeiter gibt, die Neukunden gewinnen, aber umso weniger Verkäufer, die diese auch langfristig binden und zufriedenstellen können. Für eine langfristige Kundenbindung wiederum ist besonders die Fähigkeit zum Aufbau einer Vertrauensbasis und einer langfristigen Partnerschaft wesentlich."[6] Insofern muss sich ein Unternehmen darüber Gedanken machen wie es die Bestandkunden an das eigene Haus binden kann.[7]

Diese wissenschaftliche Arbeit behandelt die zentrale Fragestellung wie ein Versicherungsunternehmen, unter zu Hilfenahme seiner Versicherungsmakler, die Kundenzufriedenheit und somit die Kundenbindung steigern kann. Ebenfalls wird die Frage beantwortet ob die Implementierung einer solchen Kundenbindungsstrategie überhaupt sinnvoll ist. Der theoretische Teil dieser Seminararbeit wird zuweilen immer mit auf einen Versicherungsmakler und Versicherungsunternehmen bezogenen Beispielen gestützt und veranschaulicht. Kapital fünf beinhaltet den Aufbau einer Kundenbindungsstrategie, die speziell auf einen Versicherungsmakler abgestimmt ist. Ziel dieser wissenschaftlichen Arbeit ist es einerseits einen kompakten Überblick über die Thematik des Kundenbindungsmanagements zu geben, aber andererseits auch die praktische Umsetzung einer solchen durch den Versicherungsmakler aufzuzeigen und welche zentralen Einflussgrößen zu beachten sind.

2. Einleitende Themenbehandlung

Der Übergriff dieser wissenschaftlichen Arbeit, welcher gleichzeitig auch die Problemstellung enthält, ist die Bedeutung und Komplexität der Kundenbeziehung eines Versicherungsmakler zu seinen Kunden, stellvertretend für ein bestimmtes Unternehmen beziehungsweise für die gesamte Versicherungsbranche. Eine nähere Auseinandersetzung mit den beiden Begriffen der Kundenbeziehung und des Kundenbeziehungsmanagements hilft den Einstieg in die entsprechende Thematik zu erleichtern, um letztendlich ein entsprechendes Kundenbindungskonzept für einen Versicherungsmakler zu entwerfen. In diesem Zusammenhang ist es sinnvoll die beiden Begrifflichkeiten „Kundenbeziehung" und „Kundenbeziehungsmanagement" separat zu erläutern.

---

[6] Glaser, Christian (2013), S. 121.
[7] Vgl. Scheuch, Fritz (2007), S. 80-81.

2.1 Kundenbindung

Eine Kundenbeziehung kann, gemäß Manfred Bruhn (2008), wie folgt definiert werden: „Kundenbindung umfasst sämtliche Maßnahmen eines Unternehmens, die darauf abzielen, sowohl die Verhaltensabsichten als auch das tatsächliche Verhalten
eines Kunden gegenüber einem Anbieter oder dessen Leistungen positiv zu gestalten, um die Beziehung zu diesem Kunden für die Zukunft zu stabilisieren bzw. aus-
zuweiten"[8].

Demnach beinhaltet die Kundenbindung nicht nur die Steuerung des Verhaltens eines Kunden, dass heißt die Steuerung der tatsächlichen Handlungen, sondern es
wird zusätzlich versucht die persönliche Einstellung eines Kunden gegenüber einem
bestimmten Unternehmen positiv zu beeinflussen, um dessen zukünftige Planungen
beziehungsweise Handlungen zu lenken. Kundenbindung bezieht sich demnach auf
bereits in der Vergangenheit erfolgte und zugleich auf in der Zukunft stattfindende
Transaktionen. Den vorangegangenen Satz am Beispiel eines Versicherungsmaklers
erläutert bedeutet, dass ein Kunde der bereits in der Vergangenheit mit dem Leis-
tungsspektrums beziehungsweise der Beratungsleistung seines Maklers zufrieden
war, sich mit großer Wahrscheinlichkeit auch zukünftig bei geplanten Transaktionen
mit diesem in Verbindung setzen wird.[9]

Kundenbindung als Marketingziel verdeutlich den "... Wandel von der Transaktions-
zur Beziehungsökonomie ..."[10]. Versicherungsunternehmen fokussieren sich nun,
zusätzlich zur Kundenakquisition, verstärkt auf die Kundenrückgewinnung und die
Kundenbindung.

2.2 Kundenbindungsmanagement

„Kundenbindungsmanagement ist die systematische Analyse, Planung, Durchfüh-
rung sowie Kontrolle sämtlicher auf den aktuellen Kundenstamm gerichteten Maßnahmen mit dem Ziel, dass diese Kunden auch in Zukunft die Geschäftsbeziehung
aufrechterhalten oder intensiver pflegen."[11] Mit Kundenbindungsmanagement verfolgt

---

[8] Homburg, Christian; Bruhn, Manfred (2008), S. 8.
[9] Vgl. Scheuch, Fritz (2007), S. 80-81.
[10] Vgl. http://www.absatzwirtschaft.de/content/_p=1004040,sst=uZ7e99RPnoCvQ3Qh9eZQgddPQEp0oHaq
(Stand: 06.04.2014).
[11] Homburg, Christian; Bruhn, Manfred (2008), S. 8.

ein Unternehmen demnach das Ziel die Kommunikation zwischen Kunden und Unternehmen positiv zu beeinflussen beziehungsweise zu optimieren.[12]

Die Steuerung des Kundenbindungsmanagement ist ein permanenter Prozess, der dazu beiträgt den Kunden, durch das Anwenden unterschiedlicher Marketinginstrumente, an ein Unternehmen zu binden. Diese Instrumente können beispielsweise auf kommunikationspolitischer oder preispolitischer Ebene eingesetzt werden. Gleichzeitig bedeutet dies allerdings auch, dass die Implementierung eines Kundenbindungsmanagements zwingend auf allen unternehmenseigenen Kommunikationskanälen erfolgen muss, um jederzeit alle Berührungspunkte zwischen Kunde und Unternehmen kontrollieren zu können.[13]

3. Aufgaben und Ziele der Kundenbindung

3.1 Aufgaben der Kundenbindung

Kundenbindung bedeutet nicht, dass ein Unternehmen versucht, mit manipulativen Mitteln alte Verhaltensweisen von Konsumenten zu verändern. Aufgabe der Kundenbindung beziehungsweise des Kundenbindungsmanagement ist es diejenigen Kunden aus dem Kundenstamm herauszufiltern die für das Unternehmen am wertvollsten sind und welche Leistungen für diese erbracht werden müssen, um eine Konsumentenzufriedenheit zu erzeugen.[14]

Besonders Unternehmen im Bereich der Finanzdienstleistungen haben mit der Problematik der Immaterialität ihrer Produkte zu kämpfen. Ein Kunde kann bei Unternehmen aus der Finanzdienstleistungsbranche auf Grundlage der Produkte, wie beispielsweise einer Wohngebäudeversicherung, nur bedingt Rückschlüsse auf die Qualität des Unternehmens ziehen. Ein Finanzdienstleistungsunternehmen steht demnach „... vor der großen Herausforderung, dass durch die Immaterialität des Produkts lediglich die Faktoren Preis, Unternehmensimage und das äußere Erscheinungsbild der Vertriebsmitarbeiter ..."[15] diejenigen Merkmale sind aufgrund

---

[12] Vgl. Becker, Peter (2011), S. 23.
[13] Vgl. Homburg, Christian; Bruhn, Manfred (2003), S. 16-18.
[14] Vgl. Biesel, Hartmut (2002), S. 5.
[15] Glaser, Christian (2013), S. 125.

derer ein Konsument einen Rückschluss auf die bereits erwähnte Qualität des Unternehmens ziehen kann.[16]

„Die Aufgabe einer nachhaltigen Kundenbindung liegt darin, dem Kunden die eigenen Leistungen gegenüber den am Markt erhältlichen Alternativen möglichst schmackhaft darzustellen und mit positiven Attributen zu positionieren."[17]

3.2 Ziele der Kundenbindung

Das Ziel der Kundenbindung, beziehungsweise das Ziel der Kundenbindungsstrategie, ist die Stärkung der Bindung eines Kunden zu einem Unternehmen, beispielsweise seinem Versicherungsunternehmen. Um eine Erhöhung der Kundenbindung zu erreichen sind unterschiedliche Maßnahmen notwendig, die einen Kunden davon überzeugen die eigene Beziehung zu seinem Unternehmen zu festigen. Gelingt es einem Versicherungsunternehmen diese Maßnahmen in die unternehmenseigenen Strukturen zu implementieren und an die Kunden heranzutragen, kann dies zu einer hohen Kundenzufriedenheit und gleichzeitig zu einer Verbundenheit gegenüber dem Versicherungsunternehmen führen.[18]

Die sich daraus ergebenden Vorteile sind unterschiedlicher Natur. Zu einem kann das Unternehmen die bestehende Kundenbeziehung weiter intensivieren und diese somit, beispielsweise durch Cross-Selling, profitabler gestalten. In diesem Zusammenhang kann auch die Kauffrequenz gesteigert werden, dass heißt die Abstände in denen ein Kunde einen Transaktion beziehungsweise einen Abschluss tätigt können erheblich verringert werden. Ein weiteres wichtiges Ziel ist die Ausweitung des eigenen Anteils des Unternehmens an dem gesamten Warenkorb des Kunden. Es wird versucht den sogenannten „... Share-of-Customer, also den eigenen Anteil an den Ausgaben des Kunden in der Warengruppe ..."[19] auszubauen.[20]

---

[16] Vgl. Ebenda (2013), S. 125.

[17] http://www.it-business.de/management/point-of-sale/articles/259010/ (Stand: 06.04.2014).

[18] Vgl. Bruhn, Manfred (2012), S. 149.

[19] Ebenda (2012), S. 149.

[20] Vgl. Ebenda (2012), S. 148-150.

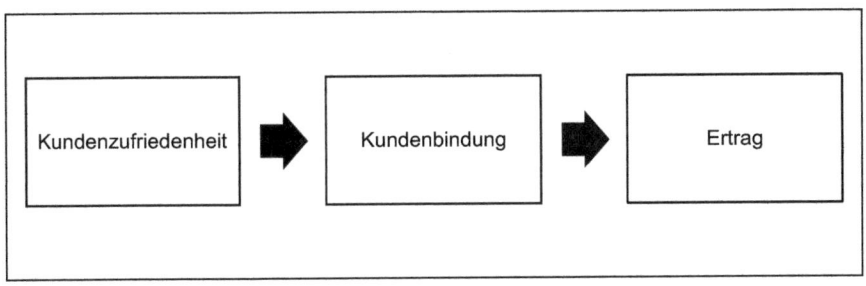

Abbildung 1: Verlauf der Kundenbindung[21]

Das übergeordnete Ziel der Kundenbindung ist die Steigerung der Rendite. Kundenbindungsmanagement zielt auf die Erhöhung des Ertrags eines Unternehmens ab. Um dieses Ziel zu erreichen bedienen sich Unternehmen verschiedener Maßnahmen, wie zum Beispiel dem Cross-Selling. Grundsätzlich ist die Wirkungskette einer Kundenbindung durch drei Punkte, wie in Abbildung eins dargestellt, aufgebaut.[22]

4. Kundenbindungsstrategie

Ein Unternehmen kann sich unterschiedlicher Kundenbindungsstrategien bedienen, um Kunden langfristig an das eigene Unternehmen zu binden. Die einschlägige Literatur unterscheidet zwischen der Verbundenheitsstrategie auf der einen Seite, sowie der sogenannten Gebundenheitsstrategie auf der anderen Seite. Die Verbundenheitsstrategie dient der Vertiefung der „... Kundenbindung über psychologische Determinanten ..."[23]. Mit einer solchen Strategie wird versucht den Kunden, zum Beispiel durch eine außerordentlich hohe Kundenzufriedenheit, mit dem Unternehmen zu verbinden. Eine Gebundenheitsstrategie erreicht Kundenbindung durch den „... Aufbau von Wechselbarrieren ..."[24], wie beispielsweise durch langlaufende Versicherungsverträge. Eine nähere Auseinandersetzung mit diesen beiden Kundenbindungsstrategien ist hilfreich, um in Kapitel fünf einen eigenen Entwurf eines Kundenbindungskonzepts zu erarbeiten.[25]

---

[21] Eigene Darstellung in Anlehnung an: Glaser, Christian (2013), S. 171.
[22] Vgl. Glaser, Christian (2013), S. 170.
[23] Bruhn, Manfred (2012), S. 150.
[24] Ebenda (2012), S. 150.
[25] Vgl. Bruhn, Manfred (2012), S. 150.

4.1 Verbundenheitsstrategie

Wie eingangs erläutert soll mit einer Verbundenheitsstrategie eine Kundenbindung über psychologische Determinanten aufgebaut und aufrechterhalten werden. Nichts desto trotz haben diese Determinanten eine unterschiedliche Wirkung auf den Kunden eines Unternehmens. Innerhalb einer Verbundenheitsstrategie muss zwischen einer kurzfristigen sowie einer langfristigen Ausrichtung unterschieden werden.

Tabelle 1: Typen der Verbundenheitsstrategie[26]

Art der Kundenbindung \ Fristigkeit	Kurzfristig	Langfristig
Verbundenheit	Kurzfristige Verbundenheitsstrategie	Langfristige Verbundenheitsstrategie
	Beispiele: - Geschenke - Elektronischer Newsletter	Beispiele: - Vertrauensbasis - Individuelle Leistung

Ein Kunde der beispielsweise ein Geschenk von seinem Versicherungsmakler überreicht bekommt fühlt sich diesem Unternehmen mit großer Wahrscheinlichkeit nur kurzfristig verbunden, wohingegen eine Kundenbeziehung die auf einer starken Vertrauensbasis „... aufgrund ihrer bisherigen Erfahrungen beruht ..."[27] den Kunden langfristig mit dem Versicherungsunternehmen beziehungsweise dem Makler verbindet. Die Verbundenheitsstrategie hat entscheidende Vorteile gegenüber der Akquisition von Neukunden, denn der Kunde kennt bereits das Unternehmen und das Unternehmen kennt den Kunden. Es ist möglich auf bereits in der Vergangenheit geführte Transaktionen Bezug zu nehmen und auf vorhandene Kundeninformationen zurückzugreifen. Eine Bearbeitung unterschiedlicher Marktsegmente kann effizienter durchgeführt werden, aufgrund der bereits erwähnten geringeren Akquisitionskosten.[28]

4.2 Gebundenheitsstrategie

Die Gebundenheitsstrategie, als Gegensatz zu einer Verbundenheitsstrategie, zielt darauf ab den Kunden durch Wechselbarrieren an das Unternehmen zu binden.

---

[26] Eigene Darstellung in Anlehnung an: Manfred, Bruhn (2012), S. 151.

[27] Bruhn, Manfred (2012), S. 151.

[28] Vgl. Bruhn, Manfred (2012), S. 151.

Auch bei dieser Art der Kundenbindungsstrategie ist es sinnvoll unterschiedliche Fristigkeiten zu beachten.

Tabelle 2: Typen der Kundenbindungsstrategie[29]

Art der Kundenbindung \ Fristigkeit	Kurzfristig	Langfristig
Verbundenheit	Kurzfristige Verbunden-heitsstrategie	Langfristige Verbunden-heitsstrategie
	Beispiele: - Geschenke - Elektronischer Newsletter	Beispiele: - Vertrauensbasis - Individuelle Leistung
Gebundenheit	Kurzfristige Gebundenheitsstrategie	Langfristige Gebundenheitsstrategie
	Beispiele: - Kurzfristige Verträge - Rabatte	Beispiele: - Langlaufende Verträge - Abonnements

Kurzfristige Gebundenheitsstrategien beinhalten kurzlaufende Verträge, wie zum Beispiel eine Auslandskrankenversicherung die nur für die Dauer des Auslandsaufenthaltes abgeschlossen wird. Eine solche Strategie ist immer dann sinnvoll wenn der Kunde einer langfristigen Bindung kritisch gegenübersteht, man spricht in diesem Zusammenhang von dem sogenannten Lock-in-Effekt. Eine langfristige Gebundenheit erreicht ein Unternehmen demnach aufgrund von langlaufenden Verträgen. Das Paradebeispiel für ein Versicherungsunternehmen in diesem Zusammenhang ist eine Lebensversicherung mit einer angenommen Laufzeit von 30 Jahren. Aber auch Abonnements können zu einer langfristigen Gebundenheit des Kunden gegenüber einem Unternehmen beitragen.[30]

4.3 Kundensegmentierung

Aufgabe dieser wissenschaftlichen Arbeit ist es ein Kundenbindungskonzept für einen Versicherungsmakler zu entwerfen. Um ein solches Konzept entwickeln zu können, muss, vor der eigentlichen Ausarbeitung, festgelegt werden für welche Kunden dieses Kundenbindungskonzept Anwendung finden soll. Denn nicht jeder Kunde hat

---

[29] Eigene Darstellung in Anlehnung an: Manfred, Bruhn (2012), S. 151.
[30] Vgl. Bruhn, Manfred (2012), S. 150.

für ein Versicherungsunternehmen den gleichen Wert. Es wäre demnach nicht sinnvoll die nur begrenzten Ressourcen eines Versicherungsmaklers auf die Kundenpfle-
ge aller Kunden auszurichten. Vielmehr ist es sinnvoll eine Kundensegmentierung in
der Art und Weise vorzunehmen, dass Kunden mit einem hohen Deckungspotential
mit einem höheren Aufwand an das Versicherungsunternehmen gebunden werden,
als Kunden mit einem niedrigen Deckungsbeitrag beziehungsweise Deckungspotential.[31]

Fraglich ist wie eine solche Segmentierung in einem Versicherungsunternehmen,
beziehungsweise durch den Versicherungsmakler in seinem eigenen Kundenstamm,
durchgeführt werden kann. Üblicherweise werden Marktsegmentierungen anhand
räumlicher oder branchenspezifischer Merkmale durchgeführt. In diesem Zusammenhang ist allerdings zu beachten, dass für einen klassischen Versicherungsmakler
eine branchenspezifische Kundensegmentierung nur wenig sinnvoll ist, da ein Versicherungsmakler nur in den seltensten Fällen die ertragsstarken Industrie- und Ge-
werbekundenversicherungen anbietet und dementsprechend solche Kunden nicht zu
seinem Kundenstamm zählen. Auch eine regionale Segmentierung wird nur bedingt
von Erfolg gekrönt sein, da eine solche Marktsegmentierung nicht den tatsächlichen
Deckungsbeitrag eines Kunden wiedergeben kann.[32]

---

[31] Vgl. Glaser, Christian (2013), S. 140-141.
[32] Vgl. Müller, Hajo (1994), S. 137-141.

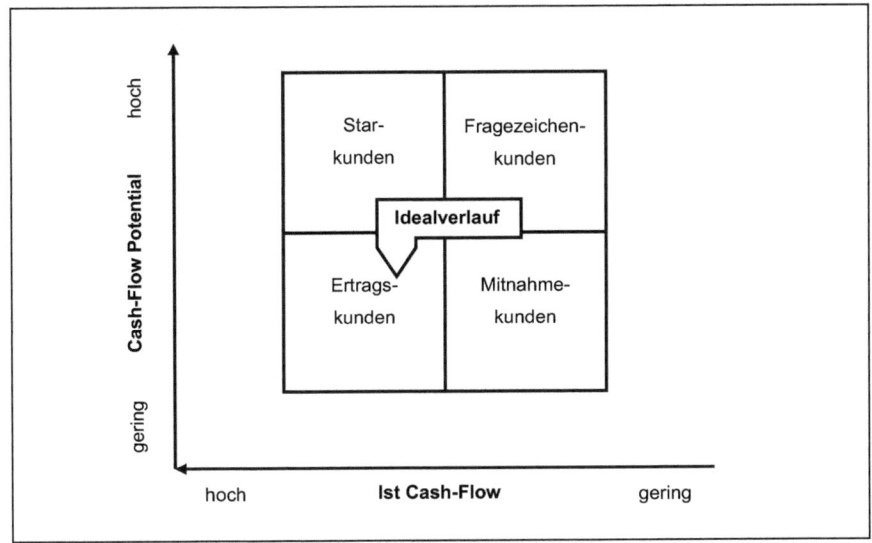

Abbildung 2: Kundensegmentierung[33]

Insofern ist nur eine Kundensegmentierung nach der Wertigkeit des Kunden sinnvoll, beispielsweise in direkter Anlehnung an die Boston-Consulting-Group-Matrix. Ein Versicherungsmakler könnte demnach eine psychografische und verhaltensorientierte Segmentierung seiner Kunden vornehmen. In diesem Zusammenhang spricht man auch von einem sogenannten Key Account Management. Innerhalb des Key Account Management werden die, für das Unternehmen, wichtigen Schlüsselkunden aus dem gesamten Kundenstamm herausgefiltert. Es können demnach die potentialstarken und wertvollen Kunden identifiziert werden.[34]

Die in Abbildung zwei als Starkunden bezeichneten Kunden sind diejenigen Kunden mit dem höchsten Deckungspotential und den höchsten Umsatzpotentialen, wohingegen die sogenannten Ertragskunden bereits zu weiten Teilen mit den eigenen Produkten eines Unternehmens versorgt sind. Fragezeichenkunden sind zwar eine attraktive Kundengruppe mit hohen Ertragspotentialen, allerdings ist bei diesen Kunden das eigene Unternehmen an deren Warenkorb unterrepräsentiert und es muss gezielt in die Kundenbeziehung investiert werden. Die sogenannten

[33] Eigene Darstellung in Anlehnung an: Günther, Bernd; Helm, Sabrina (2006), S. 320.
[34] Vgl. Glaser, Christian (2013), S. 218.

Mitnahmekunden stellen in Abbildung zwei die weniger attraktive Zielgruppe dar. Bei Mitnahmekunden ist nur ein sehr geringen Umsatzpotential und somit Deckungspotential vorhanden. Es kommt somit darauf an, wie hoch der zukünftige Cash-Flow dieser Kunden ist und welches Potential in diesen verborgen liegt.[35]

In diesem Zusammenhang sollte das Ziel eines Versicherungsmaklers sein die Kundenbeziehung zu seinen Starkunden sowie Ertragskunden zu intensivieren beziehungsweise weiter auszubauen. Diese Kunden sind für ein Unternehmen in der Finanzdienstleistungsbranche und insbesondere für den Versicherungsmakler an sich am profitabelsten. Auch muss in diese Kundenbeziehungen nicht mehr vollumfänglich investiert werden, da diese Kunden bereits mit dem Versicherungsunternehmen in Verbindung stehen.[36]

Die Kundenzufriedenheit der Fragezeichenkunden und auch die der Mitnahmekunden müssen erst noch durch den Versicherungsmakler verstärkt beziehungsweise es muss demnach erst noch in diese Kundenbeziehung investiert werden. Da allerdings diese Kundentypen auch von Mitbewerbern stark umworben sind, ist es fraglich ob eine teure Marketingkampagne durchschlagende Erfolge erzielen wird. Insofern sollte sich die Betreuung dieser Kunden auf ein Minimum beschränken. Es müssen die beiden erstgenannten Kundengruppen intensiv durch einen Versicherungsmakler individuell betreut werden, wohingegen Fragezeichenkunden und Mitnahmekunden durch standardisierte Marketinginstrumente betreut werden sollten.[37]

5. Planung einer Kundenbindungsstrategie

Der Entwurf einer Kundenbindungsstrategie für einen Versicherungsmakler besteht grundsätzlich aus zwei unterschiedlichen Aufgaben. Zu Beginn der Ausarbeitung stellt sich die Frage wie eine Kundenbindungsstrategie in der Theorie aufgebaut sein muss, um möglichst diejenigen Kunden zu erreichen die, gemäß der Kundenseg-mentierung, dass höchste Potential für einen Versicherungsmakler haben. Weiterhin müssen diese Kunden dem hingehend unterteilt werden, dass zum Beispiel die be-

---

[35] Vgl. Adcock, Dennis (2000), S. 249-252.
[36] Vgl. Ebenda (2000), S. 257-258.
[37] Vgl. Glaser, Christian (2013), S. 142-143.

reits erläuterten Ertragskunden mit einem nur geringen Aufwand an das Unternehmen gebunden werden können und von den Starkunden zu unterscheiden sind.[38]

Der zweite und aufwendigere Schritt ist die Auswahl derjenigen marketingpolitischen Instrumente die herangezogen werden können, um die ausgearbeitet Strategie in der Praxis umzusetzen. Selbstverständlich muss die Auswahl der Instrumente in der Art und Weise erfolgen, dass Kunden mit einem hohen Potential stärker penetriert werden als Kunden mit niedrigem Potential und gegebenenfalls geringeren Ansprüchen.

5.1 Die Kundenbindungsstrategie

Der Mittelpunkt einer Kundenbindungsstrategie ist selbstverständlich der jeweilige Kunde des Versicherungsmaklers. Für die Ausarbeitung der Kundenbindungsstrategie bleiben die unterschiedlichen Kundensegmente, zumindest zu Beginn, erst einmal außen vor, da die ausgearbeitete Strategie erst durch die unterschiedlichen marketingpolitischen Instrumente auf eine jeweilige Kundengruppe zugeschnitten wird. Ziel der Strategie muss zwingend, wie bereits in Kapitel „3.2 Ziele der Kundenbindung" erläutert, die Erhöhung der Kundenzufriedenheit sein. Die Verbundenheit des Kunden zu seinem Versicherungsunternehmen und Versicherungsmakler wird durch eine hohe Kundenzufriedenheit stark positiv beeinflusst. Insofern muss der Weg bestimmt werden wie ein Makler eine solche Kundenzufriedenheit bei seinen Kunden hervorrufen kann und welche Aufgaben innerhalb dieser Strategie übernommen werden müssen.[39]

Dieser Ablauf, von der Kundenzufriedenheit ausgehend, über die weitere Entwicklung der Kundenbindung hin zu dem ökonomischen Erfolg wird, gemäß Manfred Bruhn und Christian Homburg (2003), als die „Wirkungskette der Kundenbindung" bezeichnet. Diese Kette kann, in stark vereinfachter Form, in fünf grundsätzliche Phasen aufgeteilt werden. Die erste Phase widmet sich dem eigentlichen Kauf eines Produktes und der anschließenden Bewertung des Kunden über den Ablauf der in Anspruch genommenen Dienstleistungen. Die eigentliche Kundenzufriedenheit entsteht erst in der zweiten Phase, beispielsweise durch eine positive Bewertung der Beratung seitens des Kunden. Aus dieser Kundenzufriedenheit heraus kann sich anschließend die Kundenloyalität des Kunden, gegenüber dem Versicherungsmakler

---

[38] Vgl. Bergmann, Katja (1998), S. 62-66.
[39] Vgl. Glaser, Christian (2013), S. 217.

beziehungsweise Versicherungsunternehmen, entwickeln. Eine solche Kundenloyalität „.. besteht aus einem grundsätzlichen Vertrauensverhältnis, einer allgemein positiven Einstellung und der Akzeptanz des Kunden hinsichtlich der Leistungsfähigkeit
des Anbieters"[40]. In der vierten Phase wird diese Loyalität des Kunden in eine Kundenbindung umgewandelt, die beispielsweise durch Cross-Selling getätigte Wieder-
verkäufe oder regelmäßige Kontakte seitens des Versicherungsmaklers hervorgeru-
fen werden kann. Am Ende der Wirkungskette der Kundenbindung steht die fünfte
Phase mit dem eingetretenen ökonomischen Erfolg.[41]

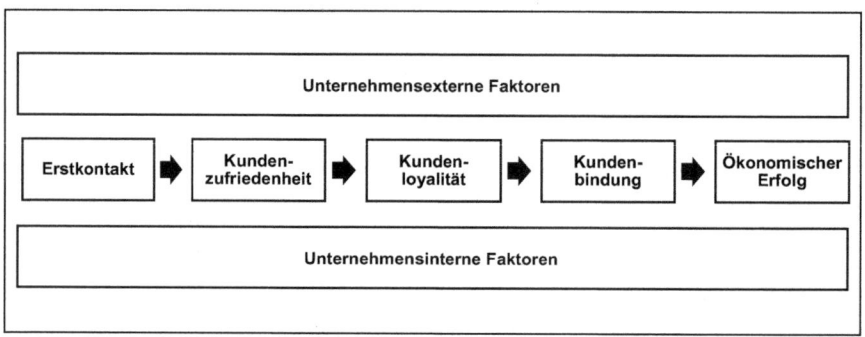

Abbildung 3: Wirkungskette der Kundenbindung[42]

Ein solche Wirkungskette wird, wie in Abbildung drei aufgezeigt, von den unterneh-
mensexternen sowie unternehmensinternen Faktoren beeinflusst, entweder im positiven oder negativen Sinne. Zu den unternehmensinternen Einflüssen zählen beispielsweise die bereits angesprochenen persönlichen Beziehungen des Versicherungsmaklers zu seinen Kunden beziehungsweise die Informationspolitik gegenüber
diesen. Externe Faktoren sind in unter anderem das zugrunde gelegte Ertragspotential, sowie das jeweilige Leistungsbedürfnis der Kunden. Diese unternehmensexter-
nen und unternehmensinternen Faktoren sind in den verschiedenen Phasen der Wirkungskette der Kundenbindung unterschiedlich stark zu gewichten.[43]

Verständlicherweise muss die Aufgabe eines Versicherungsmaklers lauten, innerhalb
dieser Wirkungskette der Kundenbindung gemäß Abbildung drei, in allen Phasen

---

[40] Vgl. Bruhn, Manfred; Homburg, Christian (2003), 9-10.
[41] Vgl. Ebenda, S. 9-10.
[42] Eigene Darstellung in Anlehnung an: Bruhn, Manfred; Homburg, Christian (1998), S. 7.
[43] Vgl. Bruhn, Manfred; Homburg, Christian (2003), S. 9-10.

präsent zu sein. Durch diese Präsenz, sei es persönlich oder auch psychologisch, wird die Kundenloyalität und Kundenbindung verstärkt. Grundvoraussetzung für eine stärkere Bindung des Kunden an seinen Makler ist die Kundenzufriedenheit. Insofern müssen innerhalb dieser Strategie die unterschiedlichen Instrumente des Kundenbindungsmanagement angewandt werden, um diese Zufriedenheit zu erhöhen. Es kann also keine pauschale Aussage getroffen werden in welcher Phase ein Versicherungsmakler besonders überzeugend sein muss, beziehungsweise eine hohe Penetration des Kunden zu erfolgen hat. Vielmehr liegt ein einheitliches grundsätzliches Konzept zugrunde, auf dessen ein Versicherungsmakler den Kunden an sich bindet. Dieses Konzept wird inhaltlich durch die jeweiligen Instrumente des Kundenbindungsmanagements geprägt, dass heißt das Grundgerüst der Kundenbindungsstrategie, wie in Abbildung drei aufgezeigt, wird erst durch den Einsatz der marketingpolitischen Instrumente auf die unterschiedlichen Kundentypen zugeschnitten.[44]

5.2 Instrumente des Kundenbindungsmanagements

Ein Versicherungsmakler hat eine Vielzahl an Möglichkeiten die Kundenzufriedenheit seiner Kunden, durch den Einsatz unterschiedlicher Instrumente, zu erhöhen. Die nachfolgenden Tabelle zeigt einen kleinen Ausschnitt von vier Instrumenten des Kundenbindungsmanagements, derer sich einer Versicherungsmakler bedienen kann. Der Ausschnitt soll weder den Anschein von Vollständigkeit erwecken noch den Eindruck entstehen lassen, dass nur durch den Einsatz eines dieser Instrumente Kundenzufriedenheit und dadurch Kundenbindung resultiert. „Vielmehr ist es notwendig, einen aufeinander abgestimmten, kombinierten Einsatz von …"[45] unterschiedlichen Instrumenten vorzunehmen. An diese Tabelle anschließend werden die beiden marketingpolitischen Instrumente der Kommunikationspolitik und Produktpolitik näher erläutert, da diese den größtmöglichen Bezug zu der Tätigkeit eines Versicherungsmaklers versprechen.[46]

---

[44] Vgl. Homburg, Christian; Bruhn, Manfred (2008), S. 9-11.

[45] Homburg, Christian; Bruhn, Manfred (2008), S. 23.

[46] Vgl. Ebenda (2008), S. 23.

Tabelle 3: Instrumente der Kundenbindung[47]

Primäre Wirkung / Instrumentenbereich	Fokus Kundenzufriedenheit
Produktpolitik	- Individuelle Angebote - Servicestandards - Zusatzleistungen
Preispolitik	- Preisgarantien - Zufriedenheitsabhängige Preisgestaltung
Kommunikationspolitik	- Persönliche Kommunikation - Beschwerdemanagement - Telefonmarketing
Distributionspolitik	- Online-Bestellung - Direktverkauf - Katalogverkauf

5.2.1 Produktpolitik

Das Ziel der Produktpolitik eines Versicherungsmaklers ist es nur die Leistungen zu offerieren die an den Wünschen des Kunden orientiert sind. Das Produkt muss dementsprechend gestaltet sein, dass der Kunden dieses anschließend akzeptiert und es kaum erklärungsbedürftig ist. Weiterhin sollten besonders viele Kundenwünsche, wie zum Beispiel die finanzielle Sicherheit der Familie im Todesfall, abgesichert sein. Denn innerhalb des eigentlichen Produkts hat ein Versicherungsmakler nur wenig eigene Möglichkeiten Einfluss auf die Produktgestaltung zu nehmen. Vielmehr handelt es sich um standardisierte Produkte, die nur in geringem Umfang individualisiert werden können. Allerdings kann der Versicherungsmakler dem Kunden einen Versicherungskorb anbieten. Dieser Korb beinhaltet alle Versicherung die auf die Kundensituation zugeschnitten sind.[48]

---

[47] Eigene Darstellung in Anlehnung an Meffert, Heribert; Bruhn, Manfred (2001), S. 441-464; Vgl. auch Grill, Wolfgang; Percynzski, Hans (2009), S. 19.
[48] Vgl. Grill, Wolfgang; Percynzski, Hans (2009), S.19.

Dem Kunden muss zwingend ein Sortiment unterbreitet werden das die Kundenwünsche abdeckt. Durch die Anpreisung dieses Versicherungskorbes kann der Versicherungsmakler die Kundenzufriedenheit fördern. Durch ein umfassendes Beratungsspektrum in Verbindung mit den unterschiedlichen Versicherungsprodukten, die auf die Lebenssituation des Kunden abgestimmt werden müssen, gelingt es den Kunden an das eigene Versicherungsunternehmen zu binden. Dementsprechend ist es sinnvoll neben den klassischen Versicherungsprodukten, wie beispielsweise einer Lebensversicherung und Haftpflichtversicherung, zusätzliche Produkte anpreisen zu können, wie einer Zahnzusatzversicherung oder Rechtsschutzversicherung. Die Produktpolitik ist demnach eng mit der Kommunikationspolitik verknüpft, also in der Art und Weise wie der Versicherungsmakler mit dem Kunden in Kontakt treten kann.[49]

5.2.2 Kommunikationspolitik

Neben der Produktpolitik kann eine Kundenbindung auch durch Interaktionen auf der kommunikationspolitischen Ebene gesteuert werden. Die Kommunikationspolitik ist das ausschlaggebende Instrument derer sich ein Versicherungsmakler bedienen muss, um die Kundenzufriedenheit zu erhöhen und eine langfristigen Kundenbindung aufzubauen. Ein Kunde kann Versicherungsprodukte, die diesem über die klassischen Bestandteile der Kommunikationspolitik wie Werbung und Public Relations angeboten werden, nur schwer von den Produkten der Mitbewerber abgrenzen. Insofern muss ein Versicherungsmakler versuchen ein Produkt, zum Beispiel eine Unfallversicherung, seinem Kunden durch direkten Kontakt plastisch darzustellen um diesen die Wertigkeit der jeweiligen Produkte zu übermitteln. Durch die gezielte Kommunikation mit seinen Kunden steigt die Kundenzufriedenheit, da beispielsweise Schwachstellen innerhalb des Versicherungsschutzes des Kunden behoben werden können.[50]

Der Versicherungsmakler in Person ist, aus Sicht des Versicherungsunternehmens, auch ein Instrument auf der kommunikationspolitischen Ebene, allerdings ist dieser das Instrumente mit dem stärksten Einfluss auf die Kundenzufriedenheit und die Kundenbindung. Der Versicherungsmakler kann durch regelmäßige Kontaktaufnahme und regelmäßige Information der Kunden eine konkrete Verhaltensbeeinflussung

---

[49] Vgl. Scheuch, Fritz (2007), S. 436-441.
[50] Vgl. Glaser, Christian (2013), S. 158.

der relevanten Kundengruppe erreichen. Ebenfalls kann sich dieser durch eine flexible Reaktion auf Kundenanfragen von anderen Mitbewerbern abheben und die Kundenzufriedenheit fördern. Der Versicherungsmakler muss demnach eine Globalzufriedenheit bei seinen Kunden hervorrufen und darf sich nicht mit einer Kundenzufriedenheit zufrieden geben die nur auf einzelnen Teilbereichen des Service beruhen. Durch die Kommunikationspolitik kann einem Kunden verdeutlicht werden, dass dieser von seinem Versicherungsmakler wertgeschätzt wird und das Versicherungsunternehmen „… besonderen Wert darauf legt, diese zu halten und zufriedenzustellen"[51].

6. Fazit

Die sich aus dem Kundenbindungsmanagement ergebenden Vorteile sind vielfältig. Durch ein frühzeitiges aktives Eingreifen eines Versicherungsmaklers in die Kundenkommunikation gelingt es die Kundenzufriedenheit der Bestandskunden zu steigern und diese Kunden langfristig an das Versicherungsunternehmen zu binden. Die vorliegende wissenschaftliche Arbeit zeigt, dass durch Kundenloyalität der zukünftige ökonomische Unternehmenserfolg positiv beeinflusst werden kann. Insofern nimmt das Kundenbindungsmanagement eine zentrale Rolle im Aufgabenspektrum eines Versicherungsmaklers ein. Es gilt, neben der aufwändigen und teuren Neukundenakquise, die Bestandskunden genauso aufmerksam zu behandeln. Hervorzuheben ist, dass ein Versicherungsmakler nicht jeden Kunden mit gleich hohem Aufwand umwerben kann. Im Vorfeld der eigentlichen Kontaktaufnahme muss eine Kundensegmentierung vollzogen werden. Diejenigen Kunden mit dem größten Potential müssen stärker betreut werden, als Kunden mit einem nur geringen Ertragspotential.

Für eine langfristige Kundenbeziehung ist „… die Fähigkeit zum Aufbau einer Vertrauensbasis und einer langfristigen Partnerschaft wesentlich"[52]. Es kann festgehalten werden, dass das Kundenbindungsmanagement beziehungsweise die Förderung der Kundenzufriedenheit zu einem wesentlichen Bestandteil eines Versicherungsunternehmens geworden ist. Der Versicherungsmakler, als Teil des Bestandskundenmanagements, übernimmt die zentrale Rolle in der Kontaktaufnahme und Steigerung der Kundenzufriedenheit. Der Versicherungsmakler leistet einen wesentlichen Bei-

---

[51] Ebenda (2013), S. 170-171.
[52] Vgl. Glaser, Christian (2013), S. 121.

trag zur langfristigen Kundenbindung und sichert zugleich den zukünftigen ökonomischen Erfolg des Versicherungsunternehmens.

IV. Literaturverzeichnis

1. Literaturquellen

Adcock, Dennis (2000): Marketing strategies [for competitive advantage], Chichester: John Wiley & Sons.

Becker, Peter (2011): Professioneller Verkauf mit erfolgreichen Beziehungen [Kundenbindungsmanagement für Finanzdienstleister], Wiesbaden: Gabler Verlag.

Bergmann, Katja (1998): Angewandtes Kundebindungs-Management, Frankfurt am Main: Peter Lang Verlag.

Bernd Günther, Sabrina Helm (Hrsg.) (2006): Kundenwert [Grundlagen – Innovative Konzepte – Praktische Umsetzung], 3. Überarbeitete und erweiterte Auflage, Wiesbaden: Springer Verlag.

Biesel, Hartmut (2002): Kundenmanagement im Multi-Channel-Vertrieb [Strategien und Werkzeuge für die konsequente Kundenorientierung], Wiesbaden: Gabler Verlag.

Bruhn, Manfred (2012): Relationship Marketing [Das Management von Kundenbeziehungen], 2. Auflage, München: Vahlen Verlag.

Bruhn, Manfred; Homburg, Christian (Hrsg.) (1998): Handbuch Kundenbindungsmanagement [Strategien und Instrumente für ein erfolgreiches CRM], Wiesbaden: Gabler Verlag.

Bruhn, Manfred; Homburg, Christian (Hrsg.) (2003): Handbuch Kundenbindungsmanagement [Strategien und Instrumente für ein erfolgreiches CRM], 4. überarbeitete und erweiterte Auflage, Wiesbaden: Gabler Verlag.

Bruhn, Manfred; Homburg, Christian (Hrsg.) (2008): Handbuch Kundenbindungsmanagement [Strategien und Instrumente für ein erfolgreiches CRM], 6. überarbeitete und erweiterte Auflage, Wiesbaden: Gabler Verlag.

Glaser Christian (2013): Wettbewerbsfaktor Vertrieb bei Finanzdienstleistern [Ein ganzheitliches Konzept zur Sales Excellence], Wiesbaden: Springer Verlag.

Grill, Wolfgang; Percynzski, Hans (2009): Wirtschaftslehre des Kreditwesens, Troisdorf: Bildungsverlag EINS.

Hoyer, Ulrich; Merz, Guido (2006): Der mobile Bankberater: Nah am Kunden, in: die bank: Zeitschrift für Bankpolitik und Praxis, 2006, Heft 01/2006, S. 38-41.

Meffert, Heribert; Bruhn, Manfred (Hrsg.) (2001): Handbuch Dienstleistungsmanagement, 2. Auflage, Wiesbaden: Gabler Verlag.

Müller, Hajo (1994): Marktsegmentierung im Privatkundengeschäft von Versicherungsunternehmen, Karlsruhe: Verlag Versicherungswirtschaft e.V..

Scheuch, Fritz (2007): Marketing, 6. Auflage, München: Vahlen Verlag.

Tüchler, Simone (1999): Prozess- und aufbauorganisatorische Gestaltung von Call Centern in Versicherungsunternehmen, Karlsruhe: Verlag Versicherungswirtschaft GmbH.

2. Internetquellen

versicherungsmagazin.de (Hrsg.), Vom Versicherungsverkäufer zum Kundenberater, unter: http://www.versicherungsmagazin.de/Aktuell/Nachrichten/195/20504/Vom-Versicherungsverk aeufer-zum-Kundenberater.html, abgerufen am 06.04.2014.

Opperman, Axel; Hofmann, Katrin, Die Orientierung zum Kunden macht den Unterschied - Instrumente für die Kundenbindung zielgerichtet nutzen, unter: http://www.it-business.de/management/point-of-sale/articles/259010/, abgerufen am 06.04.2014.

BEI GRIN MACHT SICH IHR WISSEN BEZAHLT

- Wir veröffentlichen Ihre Hausarbeit, Bachelor- und Masterarbeit

- Ihr eigenes eBook und Buch - weltweit in allen wichtigen Shops

- Verdienen Sie an jedem Verkauf

Jetzt bei www.GRIN.com hochladen und kostenlos publizieren